AF460123

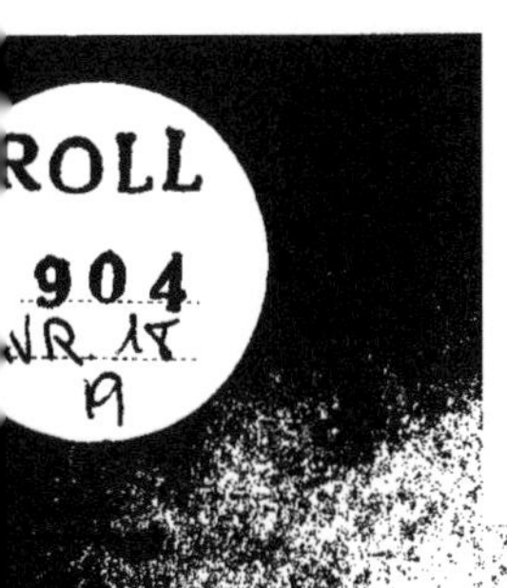

VENTE PAR SUITE DU DÉCÈS

DE

MADAME LA B^onne ROGER DE SIVRY

INTAILLES, CAMÉES

MARBRES ET BRONZES

PARIS — 1904

INTAILLES, CAMÉES

MARBRES ET BRONZES

CATALOGUE

DES

INTAILLES, CAMÉES

MARBRES ET BRONZES

PROVENANT EN PARTIE DE L'ANCIENNE COLLECTION

DU BARON ROGER (1841)

ET DONT LA VENTE, PAR SUITE DU DÉCÈS

DE Mme la Bonne ROGER DE SIVRY

AURA LIEU, A PARIS

HOTEL DROUOT, SALLE N° 7

Les Lundi 18 et Mardi 19 Avril 1904

A DEUX HEURES

COMMISSAIRE-PRISEUR

Me PAUL CHEVALLIER

10, rue de la Grange-Batelière

EXPERTS

MM. ROLLIN & FEUARDENT

4, rue de Louvois

EXPOSITION

Le Dimanche 17 Avril 1904, de 1 heure 1/2 à 5 heures 1/2

CONDITIONS DE LA VENTE

Elle sera faite au comptant.

Les acquéreurs paieront *dix pour cent* en sus des prix d'adjudication.

L'exposition mettant le public à même de se rendre compte de l'état et de la nature des objets, il ne sera admis aucune réclamation une fois l'adjudication prononcée.

ORDRE DES VACATIONS

Lundi 18 avril	1 à 160
Mardi 19 avril	161 à 296

Paris. — Imp. de l'Art, E. MOREAU ET Cie, 41, rue de la Victoire.

PIERRES GRAVÉES
ANTIQUES ET MODERNES

ABRÉVIATIONS : BS, beau style. TBS, très beau style. BM, belle matière. TBM, très belle matière.

INTAILLES

1. *Apothéose d'un empereur romain.* — Aigle éployé, portant sur son dos un empereur jeune, à la tête radiée, et qui tient d'une main le fouet du Soleil, de l'autre un flambeau. Dans le champ, masque imberbe dans un croissant. — Cornaline orbiculaire. — Diam. : 0,016. — Monture en or.

   Voir planche I.

2. Victoire nue, allant à gauche, un trophée sur l'épaule. — Nicolo. — Haut. : 0,010. — Monture en or.

3. Masque scénique de la comédie romaine. Gravure profonde. — Sardoine. — Haut. : 0,013. Monture en or.

4. Masque de Jupiter Sérapis; sur le bord, ΣΟΛΩ. — Très belle émeraude à revers convexe. — Haut. : 0,014. — Monture en or. BS.

   Voir planche I.

5. Buste de Drusus l'Ancien, à gauche. — Sardonyx à deux couches, biseauté et doublé d'un jaspe fleuri. — Haut. : 0,024. — Monture (brisée) en or. BS.

Voir planche I.

6. Masque de Jupiter Sérapis; dessous, une étoile, un serpent enroulé, etc. — Sardonyx à deux couches. — Haut. : 0,024. — Monture en or niellé. BS.

Voir planche I.

7. Buste de femme voilée (Vesta), tenant un flambeau. — Sardonyx à trois couches, biseauté. — Haut. : 0,019. — Monture en or. BM.

Voir planche I.

8. Masque de Méduse. — Très belle sardoine foncée, quadrangulaire. — Haut. : 0,023. — Monture en or. BS.

Voir planche I.

9. Bacchante dansant et tenant une coupe; devant elle, un thyrse. — Grenat de Syrie, chevé. — Haut. : 0,013. — Monture en or.

Voir planche I.

10. Masque de Sélène, entouré de rayons. — Saphir orbiculaire. — Diam. : 0,015. — Monture en or. BM.

Voir planche I.

11. Amour panthée, sans ailes, la tête radiée, une corne d'abondance au bras droit, le foudre à la main gauche. — Cornaline. — Haut. : 0,011. — Monture en or. — (Collection Roger.)

12. Masque de Méduse; dessous, ΑΜΜΩΝΙΟΥ rétrograde. — Cornaline. — Haut. : 0,015. — Monture en or. — (Collection Roger.) BM.

Voir planche I.

13. Hercule, enchaînant Cerbère. — Cornaline. — Haut. : 0,013. — Monture en or. — (Collection Roger.) BM.

Voir planche I.

14. Buste d'homme barbu, coiffé d'un bonnet phrygien sur lequel perche un oiseau. — Cornaline (avec un léger éclat). — Haut. : 0,009. — Monture en or.

15. Mercure d'ancien style étrusque, debout, à gauche, et s'appuyant sur un caducée. — Agate rubanée. — Haut. : 0,011. — Monture en or. BS.

16. Tête d'Hercule barbu et lauré, à gauche. — Cornaline. — Haut. : 0,010. — Monture en or ciselé et ajouré.

17. Esculape. — Sardonyx à trois couches, biseauté. — Haut. : 0,017. — Monture en or, l'anneau à double tige.

18. Jupiter debout, à droite, couronné par la Victoire; devant lui, son aigle; derrière, le foudre. — Nicolo. — Haut. : 0,013. — Monture en or.

19. Jupiter Sérapis assis, la tête radiée, le sceptre au bras droit, le foudre à la main gauche; devant lui, son aigle; derrière, KOIMOY. — Cornaline. — Haut. : 0,011. — Bague d'or.

20. Buste imberbe, coiffé d'un crabe. — Très beau rubis chevé, un peu ébréché. BS.

Voir planche I.

21. Buste de satyre jeune, la houlette sur l'épaule. — Jaspe rouge (brisure refaite en or). — Haut. : 0,014. — Monture en or ciselé, l'anneau à double tige. — (Collection Roger.) BS.

Voir planche I.

22. Buste de satyre enfant, à gauche, une peau de bête sur l'épaule, la houlette devant lui. — Sardoine blonde. — Haut. : 0,013. — Monture en or ciselé. — (Collection Roger.)

23. Panisque debout, tenant sa houlette et faisant le geste de l'ἀποσκοπεύων. — Cornaline. — Haut. : 0,011. — Monture en or ciselé. — (Collection Roger.)

24. Griffon renversant un Arimaspe, dont le bouclier est orné d'une étoile. — Sardoine blonde, quadrangulaire. — Haut. et long. : 0,015. — Monture en or ciselé, l'anneau à triple tige. — (Collection Roger.) BS.

25. Diane d'Éphèse. — Sardoine chevée, très belle. — Haut. : 0,016. — Bague en or. — (Collection Roger.)

26. *Bonus Eventus*. — Sardonyx à trois couches. — Haut. : 0,012. — Bague en or. — (Collection Roger.) BS.

27. Même sujet. — Sardonyx biseauté à trois couches. — Haut. : 0,017. — Bague en or. — (Collection Roger.) BS.

28. Même divinité, debout à gauche. — Nicolo. — Haut. : 0,015. — Bague en or. — (Collection Roger.)

29. Bustes géminés, à gauche, de Sérapis et d'Isis, avec leurs coiffures caractéristiques. — Nicolo. — Haut. : 0,013. — Bague en or. BS.

Voir planche I.

30. Buste d'Isis, de face, coiffé du klaft. — Cornaline. — Haut. : 0,016. — Bague en or. — (Collection Roger.)

31. Prométhée enchaîné sur le mont Caucase; un vautour lui déchire le foie; devant lui, un autel allumé. — Très belle sardoine foncée. — Haut. : 0,017. — Monture en or. — (Collection Roger.) TBS.

Voir planche I.

32. Buste de philosophe, à gauche, une bandelette dans les cheveux. — Nicolo. — Haut. : 0,012. — Monture en or.

33. Buste d'Hercule imberbe, à gauche; derrière, H P liés. Au revers, un Φ. — Sardoine. — Haut. : 0,015. — Monture en or.

34. Grand buste de bacchante, à gauche, une peau de bête sur les épaules; devant, un thyrse paré d'une bandelette. — Sardoine, les brisures refaites en or. — Haut. : 0,022. — Bague en or. — (Collection Roger.) BS.

35. Femme voilée, assise sur un rocher. Devant, dans le champ, ΥΛΛΟΥ rétrograde, en lettres bouletées. — Sardoine. — Haut. : 0,021. — Monture en or. — (Collection Roger.) BS. BM.

Voir planche I.

36. Bacchus adolescent ivre, soutenu par un jeune satyre qui porte un thyrse; une panthère lève la tête vers le rhyton que Bacchus tient à sa main gauche. — Cornaline. — Haut. : 0,012. — Bague en or. BS.

Voir planche I.

37. Le Dieu Lunus debout, avec un croissant sur les épaules, un bonnet phrygien sur la tête et une patère à la main gauche avancée. — Cornaline. — Haut. : 0,011. — Monture en or ciselé. — (Collection Roger.) BS.

38. Minerve Nicéphore, appuyée sur un trophée. — Sardonyx à trois couches, biseauté. — Haut. : 0,015. — Bague en or.

39. Mercure, Anoubis et Vénus Anadyomène debout; au-dessus de leurs têtes : ω — M N — A. *Revers* : légende magique en trois lignes : ΛΕΤΟΥΒΙΗ — ΗΛΙΟΥ ΒΑΙ — ΑΝΘΥΑΝΑ. — Hématite. — Long. : 0,021. — Bague en or ciselé.

40. Bacchante dansant, tenant un thyrse. — Sardoine blonde. — Haut. : 0,018. — Monture en or. — (Collection Borghèse.) BS.

41. Victoire sur un globe; devant, deux mains jointes. — Agate rubanée. — Haut. : 0,013. — Bague en or. BS.

42. Thésée tuant le Minotaure. — Nicolo. — Haut. : 0,012. — Bague *antique* en or ciselé, de l'époque de Caracalla. — (Collection Roger.)

43. Diomède assis sur un autel et tenant le palladium. — Très belle sardoine vermeille. — Haut. : 0,016. — Monture en or niellé. (Collection Roger.) TBS.

Voir planche I.

44. Jeune héros nu, assis à droite sur une cuirasse et tenant un parazonium et un bouclier. — Nicolo. — Haut. : 0,014. — Bague en or. — (Collection Roger.)

45. Persée debout, tenant la *harpé* et la tête de Méduse ; il est coiffé du bonnet phrygien. — Nicolo. — Haut. : 0,015. — Bague en or, à deux branches. — (Collection Roger.)

46. Jeune homme nu, menaçant de son épée un homme barbu qui lève le bras droit. A dans le champ. — Sardoine étrusque. — Haut. : 0,012. — Bague en or. — (Collection Roger.) BS.

Voir planche I.

47. Femme nue, allant à droite, une bipenne sur l'épaule, et conduisant un chevreau. — Sardonyx ovale à trois couches. — Haut. : 0,018. — Bague en or. — (Collection Roger.)

48. Paysan allant à gauche, une grappe de raisin à la main et portant sur l'épaule une houlette à laquelle est suspendu un lièvre mort. Nicolo. — Haut. : 0,013. — Bague en or. — (Collection Roger.) BS.

49. Homme barbu, accroupi et ciselant une amphore. — Sardoine. — Long, : 0,015. — Monture en or. BS.

Voir planche I.

50. Ulysse attaché au mât de son navire ; devant, sur un rocher, les trois Sirènes ; derrière, un oiseau éployé. — Cornaline. — Long. : 0,010. — Bague en or ciselé. — (Collection Roger.) BS.

Voir planche I.

51. Énée portant son père Anchise et conduisant son fils par la main. — Cornaline; les brisures refaites en or. — Haut. : 0,012. — Monture en or ciselé. — (Collection Roger.) BS.

52. Ajax et Cassandre. — Cornaline. — Haut. : 0,012. — Monture en or. — (Collection Roger.)

53. Deux Faunes dansant. — Nicolo. — Haut. : 0,017. — Bague en or.

54. Chasseur à cheval, brandissant un *pedum* et poursuivant un cerf. — Nicolo. — Long. : 0,018. — Bague en or. — (Collection Roger.)

55. Amphore décorée d'un bas-relief (bige au galop). Autour, **TI MINI**. Dans le haut, une houlette. — Sardonyx à deux couches. — Haut. : 0,013. — Bague en or, finement ciselée. — (Collection Roger.)

56. Homme armé d'une lance et courant à gauche, en tenant son cheval par la bride. Légende : **M. ANT** (liés). **NYMI**. — Sardoine blonde. — Long. : 0,012. — Bague en or, à double tige. — (Collection Roger.)

57. Victoire écrivant sur un bouclier. — Sardonyx à deux couches. — Haut. : 0,016. — Monture en or. BS.

Voir planche II.

58. Centaure courant à gauche et se retournant en arrière pour décocher une flèche de son arc. — Sardonyx à deux couches. — Haut. : 0,019. — Monture en or. — (Collection Carlisle.) BS.

Voir planche II.

59. Bellérophon conduisant Pégase qui se désaltère à une source. Derrière ce groupe, un arbre; devant, un rocher avec le nom d'artiste **ϹѠΤΡΑΤΟΥ** (*sic*). — Sardoine (légères restaurations en or). — Haut. : 0,019. — Bague en or.

Voir planche II.

60. Achille nu, debout, armé d'un bouclier. — Améthyste. — Haut. : 0,013. — Bague en or. — (Collection Carlisle.)

61. Œdipe menaçant de son épée le sphinx assis devant lui. — Cornaline étrusque. — Haut. : 0,013. — Monture en or. BS.

Voir planche II.

62. Adraste nu, armé d'une épée et reculant devant un serpent enroulé qui défend l'approche d'une source. Une aiguière renversée gît à terre. — Sardoine. — Haut. : 0,014. — Bague en or. — (Collection Carlisle). BS.

63. Auguste (lauré) et Livie, bustes géminés ; devant, **OMONOIA** rétrograde. — Cornaline. — Haut. : 0,014. — Bague en or ciselé. BS.

Voir planche II.

64. Buste ailé et radié du Soleil. — Nicolo. — Haut. : 0,014. — Bague d'or. BS.

Voir planche II.

65. Buste d'un personnage romain (Cicéron ?) de la fin de la République. — Nicolo. — Haut. : 0,014. — Bague en or.

66. Buste de Livie (?), voilée et diadémée; devant, **LIB·AVG**; derrière, deux étoiles. — Sardoine. — Haut. : 0,018. — Bague en or. BS.

Voir planche II.

67. Drusus, fils de Tibère, buste nu; très belle hyacinthe de forme hexagonale. — Haut. : 0,015. — Monture en or. — (Collection Roger.) BS.

Voir planche II.

68. Galba; buste lauré. — Nicolo. — Haut. : 0,014. — Bague en or. — (Collection Roger.)

69. Tibère (?); buste lauré. — Cornaline dorée. — Haut. : 0,014. — Bague en or ciselé. — (Collection Roger.) BM.

70. Buste d'Hadrien. — Sardonyx à deux couches. — Haut. : 0,015. — Monture en or ciselé. — (Collection Roger.)

71. Buste d'Omphale, coiffée de la peau de lion. — Cornaline blonde (brisure). — Haut. : 0,017. — Bague en or. — (Collection Roger.)

72. Matidie (?); buste drapé. — Jaspe rouge doublé d'onyx. — Haut. : 0,019. — Bague en or ciselé.

73. Guerrier grec, nu et casqué, debout devant une colonnette surmontée d'un vase funéraire. — Nicolo. — Haut. : 0,017. — Bague en or. BS.

74. Julie, fille de Titus; buste drapé. Derrière, ЄΥΟΔΟϹ rétrograde, en lettres bouletées. — Très belle améthyste. — Haut. : 0,015. — Monture en or ciselé et ajouré. TBS.

Voir planche II.

75. Julie, fille de Titus; buste drapé. — Sardoine (petite brisure refaite en or). — Haut. : 0,012. — Bague en or ciselé et ajouré. — (Collection Roger.) TBM.

Voir planche II.

76. Buste de roi sassanide. — Grenat serti dans une bague *antique* en or ciselé. — Largeur de la bague : 0,026. — (Collection Roger.) BM.

77. Buste drapé d'un philosophe grec. — Prime d'émeraude. — Haut. : 0,012. — Bague en or.

78. Diomède et Ulysse enlevant le Palladium. — Sardonyx à trois couches (fêlure sur le côté). — Haut. : 0,020. — Bague en or ajouré.

79. Buste d'Esculape; devant, le bâton enlacé d'un serpent. — Jaspe rouge. — Haut. : 0,010. — Bague en or. BS.

Voir planche II.

80. Néron, buste lauré. — Cornaline. — Haut. : 0,016. — Bague en or, l'anneau biseauté.

81. Vache paissant. — Agate rubanée. — Long. : 0,014. — Bague en or ciselé. — (Collection Roger.) BS.

Voir planche II.

82. Taureau, à gauche. — Sardoine. — Long. : 0,010. — Bague en or ciselé, chaton mobile. — (Collection Roger.)

83. Taureau, à droite, un croissant entre les cornes. — Cornaline ronde (brisure refaite en or). — Diam. : 0,010. — Bague en or, chaton octogonal. — (Collection Roger.)

84. Vache paissant, à gauche; devant, un arbre. — Prime d'émeraude. — Long. : 0,012. Bague en or. — (Collection Roger.)

85. Chouette. — Sardonyx à deux couches. — Haut. : 0,012. — Bague en or. — (Collection Roger.)

86. Sanglier. — Agate rubanée. — Long. : 0,014. — Monture en or. — (Collection Roger.) BS.

Voir planche II.

87. Porc éleusinien, à gauche; dessus, KA rétrograde. — Sardoine blonde. — Long. : 0,010. — Monture en or. — (Collection Roger.)

88. Chien de chasse devant un papillon. — Sardoine blonde. — Long. : 0,011. — Monture en or. — (Collection Roger.)

Voir planche II.

89. Deux bœufs, à gauche; devant, une plante. — Agatonyx rouge et blanc (petit éclat). — Long. : 0,019. — Bague en or. — (Collection Roger.) BM.

90. Chouette. — Cornaline. — Haut. : 0,012. — Monture en or ciselé.

91. Chimère ailée, à gauche. — Cornaline. — Long. : 0,010. — Bague en or.

92. Buste de Pan. — Nicolo (petit éclat.) — Haut. : 0,010. — Bague en or.

93. Buste de Méduse, de beau style. — Cornaline blonde. — Haut. : 0,020. — Bague en or ajouré.

Voir planche II.

94. Claude et Messaline, bustes géminés. — Belle cornaline. — Haut. : 0,024. — Bague en or. BS.

Voir planche II.

95. Buste de guerrier (*dit* Hannibal), de face. — Nicolo (petit éclat). — Haut. : 0,026. — Monture en or, sans anneau.

Voir planche II.

96. Mercure debout, portant Bacchus enfant et le caducée. — Très beau rubis chevé. — Haut. : 0,013. Bague en or ciselé. BS.

Voir planche II.

97. Minerve combattant, l'égide garnie de huit serpents; ancien style étrusque. — Sardoine. — Haut. : 0,013. — Monture en or. BS.

Voir planche II.

98. Buste de Méduse, de très beau style. — Cristal de roche. — Haut. : 0,018. — Monture en or. BM.

Voir planche II.

99. Victoire nue, de face, portant un trophée. — Cornaline. — Haut. : 0,012. — Bague en or. BS.

100. Guerrier étrusque, agenouillé à gauche, tenant sa lance et son bouclier. Ancien style. — Scarabée en cornaline. — Hauteur du plat : 0,016. — Monture en or. — (Collection Roger.)

101. Hercule agenouillé, sa massue à la main droite, combat le lion de Némée. — Scarabée étrusque en cornaline. — Longueur du plat : 0,016. — Anneau mobile en or.

102. Guerrier étrusque blessé, agenouillé à gauche ; il porte un casque, une cuirasse ciselée et un bouclier, dont l'épisème est une étoile. — Scarabée étrusque en cornaline. — Hauteur du plat : 0,018. — Anneau en fil d'or tordu. BS.

Voir planche III.

103. Guerrier étrusque nu, agenouillé à droite et tenant une épée. — Petit scarabée étrusque en cornaline. — Hauteur du plat : 0,012. — Monture en or. — (Collection Roger.)

104. Masque de Silène, la bouche ouverte, le front ceint de lierre en fleur. Beau style grec. — Sardoine. — Haut. : 0,016. — Bague en or ciselé. BS.

Voir planche III.

105. Buste de poète grec (Éschyle ?), une carapace de tortue sur la tête. — Cornaline. — Haut. : 0,014. — Bague en or.

106. Buste d'Hercule barbu, à gauche, coiffé de la peau de lion. — Sardoine blonde. — Haut. : 0,017. — Bague en or.

107. Buste de Méduse, de très beau style ; dessous, **ΑΔΜΩΝ** rétrograde. — Améthyste. — Haut. : 0,014. — Bague en or. BM.

Voir planche III.

108. Domitia ; buste à droite. — Sardonyx à deux couches. — Haut. : 0,012. — Bague en or. — (Collection Carlisle.) TBS.

Voir planche III.

109. Buste de Satyre, souriant, couronné de lierre en fleur, une peau de bête sur les épaules. — Cornaline. — Haut. : 0,017. — Bague en or.

110\. Agrippine jeune; buste drapé. — Cornaline. — Haut. : 0,015. — Bague en or. BS.

Voir planche III.

111\. Buste radié de Jupiter Ammon, de beau style. — Sardoine. — Haut. : 0,017. — Bague en or. BM.

Voir planche III.

112\. Buste de Vénus, à droite, de beau style. — Améthyste. — Haut. : 0,014. — Bague en or. BM.

113\. Buste de Caracalla jeune, lauré et drapé; devant, une étoile. — Sardoine fleurie. — Haut. : 0,015. — Monture en or. BM.

114\. Diane d'ancien style, en robe longue, courant à gauche, l'arc à la main. Derrière elle, un arbre. En bordure, quatre chiens de chasse, courant à gauche, séparés par des arbustes. — Bouton en jais, perforé. — Diam. : 0,022.

115\. Taureau cornupète à gauche. — Sardoine rubanée. — Long. : 0,017. — Monture en or niellé. BS.

116\. Buste de roi Sassanide, à gauche; autour, une légende en pehlvi. — Nicolo. — Haut. : 0,010. — Monture en or.

117\. Jeune homme nu, debout, tenant un parazonium et s'accoudant sur une colonnette parée de guirlandes. — Cornaline. — Haut. : 0,013. — Bague en or. BS.

118\. Bacchus et Ariane, assis de face, côte à côte, et se tenant enlacés. Ariane tient une lyre, Bacchus un thyrse. Beau style. — Cornaline. — Haut. : 0,010. — Bague en or ciselé. BM.

119\. Tête barbue et radiée, de profil à gauche. — Cornaline en cabochon. — Haut. : 0,016. — Monture en or. BM.

120. Tydée nu, penché en avant, un bouclier au bras, la jambe droite blessée par une flèche. Au-dessus, son nom étrusque : **TVTE**, rétrograde. — Sardoine de forme quadrilatérale. — Haut. : 0,016. — Monture en or. BS.

Voir planche III.

121. Saturne, debout, à droite, tenant sa faucille et dévorant une pierre. — Sardoine pâle. — Haut. : 0,016. — Bague en or. Collection Lhérie.

122. Persée debout, le bras droit replié au-dessus de la tête et tenant une palme, à la main gauche la *harpé*. Derrière lui, un casque sur une colonnette ; devant, un bouclier. — Belle améthyste en cabochon. — Haut. : 0,013. — Bague en or. BS.

Voir planche III.

123. Hygiée, debout devant un cippe et donnant à boire à son serpent ; dans le champ, un papillon. — Beau sardonyx ovale à deux couches. — Haut. : 0,018. — Bague en or. BS.

Voir planche III.

124. Buste de Caracalla, drapé et lauré. — Agatonyx. — Haut : 0,024.

125. Hercule jeune, debout à droite, drapé dans la peau de lion et portant une massue sur l'épaule. Derrière lui, un cippe festonné. — Cornaline pâle. — Haut. : 0,018. — Monture en or. TBS.

126. Apollon, lauré et drapé, marchant à droite en jouant de la lyre. — Cornaline ovale. — Haut. : 0,020. — Monture en or ciselé. TBS.

Voir planche III.

127. Buste de Minerve, de face, casqué et revêtu de l'égide. — Agatonyx ovale. — Haut. : 0,020. — Monture en or ciselé, avec bélière et anneau. BS.

Voir planche III.

128. Jeune homme nu, penché à gauche et se retirant une flèche de la jambe. — Grand scarabée étrusque en cornaline. — Hauteur du plat : 0,022. — Monture en or filigrané et ajouré.

129. Tête d'homme barbu. — Sardoine. — Haut. : 0,018.

130. Tête de femme, les cheveux entourés d'une bandelette. — Sardoine. — Haut. : 0,012. — Bague en or ciselé et ajouré.

Voir planche III.

131. Juba Ier, roi de Mauritanie; buste drapé et coiffé du pétase, une lance sur l'épaule. — Sardoine. — Haut. : 0,011. — Bague en or. BM.

132. Jason attachant sa chaussure; près de lui, son *pedum*. — Grand sardonyx ovale à trois couches. — Haut. : 0,030.

133. Buste barbu, casqué et drapé; sur le casque, un cheval courant; devant le buste, la figurine nue des monnaies de Sicyone. — Cornaline (Haut. : 0,015) sertie dans une bague en fer. — (Collection Barberini.) BS.

Voir planche III.

134. Tête barbue et laurée; devant, ANTNO (*sic*). — Agatonyx (Haut. : 0,012) enchâssé dans une bague en fer.

135. Achille debout jouant de la lyre. — Très belle sardoine rubanée. Haut. : 0,013. — Monture en or ciselé. BS.

Voir planche III.

136. Scarabée égyptien en lapis lazuli; sur le plat, légende hiéroglyphique en six lignes. — Hauteur du plat : 0,034.

137. Buste de Jupiter. — Améthyste biseautée. — Haut. : 0,033. BM.

138. L'Afrique : buste de femme, à gauche, drapée et coiffée d'une peau d'éléphant. — Sardoine. — Haut. : 0,036. — Monture en or et en émail blanc, avec bélière.

139. Buste de Minerve, à droite, le casque orné de quatre masques, l'égide sur la poitrine. — Sardoine. — Haut. : 0,023. — Monture en or.

140. Louis XIII : buste lauré, à droite. — Rubis. — Haut. : 0,011. — Bague en or ciselé. BM.

Voir planche III.

141. Buste de Thésée, à gauche, la massue sur l'épaule. — Sardoine. — Haut. : 0,013. — Bague en or ciselé.

142. Aiguière, ornée d'un bas-relief (Amour sur l'hippocampe). — Sardonyx (le vase blanc sur fond brun). — Haut. : 0,016. — Bague en or. BM.

Voir planche III.

143. Les Dioscures debout, tenant leurs chevaux par la bride; croissant dans le champ. — Cornaline. — Haut. : 0,019. — Bague en or. BS.

Voir planche III.

144. Énée portant son père sur les épaules et conduisant son fils par la main. A gauche, la porte de Troie; à l'arrière plan, un navire. — Cornaline. — Haut. : 0,015. — Bague d'or, à chaton tournant et octogonal. BS.

145. Femme voilée et diadémée, accoudée à un cippe. — Sardonyx à quatre couches. — Haut. : 0,015. — Bague en or ciselé.

146. Cigogne, à gauche, devant un épi. — Nicolo. — Haut. : 0,012. — Bague en or, tournante.

147. Assemblage de trois masques bachiques. — Nicolo. — Haut. : 0,012. — Bague en or.

148. Buste de Mercure à gauche, drapé et coiffé du pétase; le caducée sur l'épaule. — Sardoine. — Haut. : 0,012. — Bague en or.

149. Buste d'enfant, de face. — Grenat en tablette hexagonale, le revers taillé à facettes. — Haut : 0,013. — Bague en or ciselé. BM.

Voir planche III.

150. Agate orientale blanche, avec arborisation rouge, montée en bague d'or avec une bordure de brillants. — Haut. : 0,014.

151. Agate moitié blanche, moitié mousseuse. — Haut. : 0,016 — Bague en or.

152. Amour sur un lion courant à gauche; sous le lion, un serpent. Cornaline. — Larg. : 0,010. — Bague d'or.

153. Sardonyx biseauté, à trois couches. — Haut. : 0,022. — Bague tournante, en or.

154. Tête de Méduse, avec un collier de serpents; beau travail. — Améthyste. — Haut. : 0,015.

Voir planche III.

155. Œil de chat (sardonyx). — Haut. : 0,018. — Bague en or.

156. Œil de momie. — Sardonyx à trois couches. — Larg. : 0,028.

157. Autre. — Larg. : 0,022.

158. Sardonyx ovale biseauté, à trois couches : rouge, blanc et brun. — Long. : 0,024.

159. Scarabée égyptien en schiste brun; hiéroglyphes sur le plat. — Hauteur du plat : 0,023.

160. Léda et le cygne. Dans le champ, le nom du graveur Calandrelli, en lettres grecques rétrogrades: ΚΑΛΑΝΔΡΕΛΛΙ.—Agate blanche. Haut. : 0,024. — Monture en or.

CAMÉES

161. Lion héraldique, à gauche. En exergue : ΠΑΤΡΙΑ. — Scarabée en sardonyx. — Longueur du plat : 0,030.

162. Lion à l'affût, la tête tournée de face. — Agatonyx blanc sur blanc (brisures refaites en or). — Long. : 0,027. — Monture octogonale en or ciselé.

163. Lionne, à gauche, la tête retournée en arrière. Exergue : ΜΟΥCΗ. — ℞ ΚΥΡΙΑ ΧΑΙΡΕ en deux lignes. — Agatonyx. — Long. : 0,017. — Monture en or. — (Collection Caprara.)

164. Deux chevaux à l'abreuvoir. — Agatonyx. — Long. : 0,019. — Monture en or. — (Collection Roger.)

165. Inscription slave en deux lignes. — Sardonyx. — Long. : 0,023. — Monture en or, avec bélière. — (Collection Roger.)

166. Auguste (?) jeune; buste drapé, à droite, dans un cercle en relief. — Sardonyx, brun sur blanc. — Haut. : 0,032. — (Collection Chervet.) BM.

167. Tête de Minerve, à droite, le casque orné d'un dauphin. — Sardonyx à trois couches. — Haut. : 0,016. — Bague en or. — (Collection Roger.) BM.

168. Isis; buste à droite, en costume égyptien. Beau travail. — Agatonyx. — Haut. : 0,019. — Bague en or ciselé.

Voir planche VII.

169. Buste de femme, à gauche. — Sardonyx à trois couches (légère restauration dans le bas). — Haut. : 0,023. — Bague en or ciselé.

170. Tête de Méduse ailée, à gauche, de beau style. — Agatonyx (brisures refaites en or). — Haut. : 0,022. — Bague en or ciselé.

171. Buste d'Isis, de trois quarts à droite, coiffée du klaft; de chaque côté, un Λ gravé. — Sardoine. — Haut. : 0,021. — Bague en or. BM.

172. Saint-Paul; buste drapé et nimbé, de face, les mains jointes. A gauche, Ο ΑΓΙ:; à droite, ΠΑΥΛ:. — Camée byzantin en sardonyx. — Haut. : 0,031. — Monture en or. — (Collection Roger.)

173. Buste de bacchante, à droite, couronnée de lierre en fleur. — Sardonyx à trois couches. — Haut. : 0,016. — Bague en or. — (Collection Roger.)

174. Masque scénique de Silène. — Sardonyx. — Haut. : 0,016. — Bague en or ciselé — (Collection Roger.) BS.

Voir planche VII.

175. Tête ailée de Méduse, à droite, de beau style. — Sardonyx (petit éclat). — Haut. : 0,013. — Bague en or. — (Collection Carlisle.)

176. Masque de Silène, couronné de lierre en fleur. — Onyx. — Haut. : 0,011. — Bague en or ciselé. — (Collection Fould.)

177. Caracalla et Domna, bustes drapés et affrontés. Beau travail. — Sardonyx à trois couches. — Haut. : 0,011. — Bague en or. — (Collection Roger.) BM.

Voir planche IV.

178. Buste de femme drapée, à droite. — Agatonyx à trois couches (cheveux et draperies rouges). — Haut. : 0,013. — Bague en or ciselé et ajouré. BM.

179. Tête de Néron, à droite. — Sardonyx. — Haut. : 0,009. — Bague en or ciselé et niellé. — (Collection Roger.)

180. Centaure enlevant Déjanire. — Sardonyx. — Larg. : 0,018. — Monture en or. — (Collection Roger.) BM.

Voir planche IV.

181. Lion attaquant un taureau. — Sardonyx. — Larg : 0,019. — Bague en or. — (Collection Roger.)

182. Aigle, à gauche, aiguisant son bec. — Sardonyx à trois couches. — Larg. : 0,023. — Monture en or, avec bélière. — (Collection Roger.)

183. Femme assise, à gauche, sur un pan de mur. — Sardonyx (brisures refaites en or). — Haut. : 0,024. — Bague en or.

184. Vénus endormie sous un arbre ; à gauche, Amour jouant de la syrinx. — Sardonyx. — Haut. : 0,013. — Bague en or. — (Collection Roger.) BM.

185. Psyché endormie ; près d'elle, deux Amours dont l'un lui décoche une flèche, tandis que l'autre tient un flambeau. — Agatonyx (blanc sur blanc). Larg. : 0,018. — (Collection Roger.) BS.

186. Hector mettant le feu au camp grec. — Sardonyx. — Haut. : 0,023. — Bague en or. — (Collection Roger.) BM.

187. Bacchante dansant. — Sardonyx (petit éclat). — Haut. : 0,022. — Bague en or. — (Collection Roger.)

Voir planche V.

188. Amour à cheval. — Sardonyx. — Larg. : 0,020. — Bague en or ciselé et ajouré. — (Collection Roger.) BS.

Voir planche VI.

189. Groupe des Trois Grâces ; autour, un cercle en relief. — Beau sardonyx orbiculaire (petit éclat à la figurine du milieu). — Diam. : 0,020. — Bague en or. — (Collection Roger.)

190. Bacchante ivre, dansant et tenant un thyrse. — Sardonyx, très beau. — Haut. : 0,021. — Bague en or. BS.

191. Cavalier galopant à droite, en brandissant un javelot (sujet des monnaies de Tarente, de beau style). — Sardonyx (léger éclat aux naseaux du cheval). — Larg. : 0,021. — Bague en or. BM.

Voir planche VI.

192. Bacchus enfant sur une chèvre conduite par Pan. — Agatonyx. — Larg. : 0,019. — Monture en or. — (Collection Caprara).

193. Amour brûlant un papillon. — Agatonyx. — Haut. : 0,019. — Bague en or ciselé. — (Collection Caprara). BS.

194. Jeune Satyre soutenant Silène ivre. - Sardonyx (brisures refaites en or). — Haut. : 0,012. — Bague en or ciselé et ajouré. — (Collection Fould). TBS.

195. Jeune Romain de l'époque d'Auguste ; buste nu, de face. — Très beau sardonyx (petite ébréchure). — Haut. : 0,025. — (Collection Roger.) TBS.

Voir planche VI.

196. Galba, buste lauré à droite. — Agatonyx. — Haut. : 0,024. — Monture en or.

197. Buste de jeune femme, drapé, à gauche ; beau style grec. — Sardonyx. — Haut. : 0,014. — Bague en or. BM.

198. Omphale debout à droite, drapée et portant la massue d'Hercule sur l'épaule. — Agatonyx fragmenté. — Haut. : 0,013. — Bague en or.

199. Femme diadémée, assise à droite et tenant une branchette à trois fruits ; sous ses pieds, une proue (?) ; devant elle, un homme debout à gauche, une rame à la main. — Sardonyx. — Haut. : 0,013. — Bague en or ciselé. — (Collection Lhérie).

200. Buste drapé de femme, à droite. — Sardonyx à trois couches. — Haut, : 0,021. — Bague en or.

201. Femme assise à droite, tenant un nourrisson sur ses genoux. — Agatonyx. — Haut. : 0,016. — Bague en or. — (Collection Lhérie).

202 Temple à deux portes cintrées ; à droite, la statue de Némésis, à gauche, deux adorants. — Agatonyx (rouge et blanc) octogonal. Haut. : 0,017. — Bague en or.

203. Satyre adolescent, nu, assis à terre, à gauche, devant un arbre, la tête appuyée sur la main droite; une syrinx est suspendue à l'arbre. — Agatonyx. — Long. : 0,018. — Monture en or, avec bélière.

204. Satyre barbu, trayant une chèvre. — Agatonyx. — Haut. : 0,034. — Monture en or niellé, avec bélière et anneau.

205. Hercule assis sur un rocher et tenant sa massue et une lyre; à sa droite, une chèvre et un satyrisque. — Agatonyx. — Haut. : 0,024. — Monture en or niellé, avec bélière et anneau. BS.

Voir planche V.

206. Bacchante nue, agenouillée à gauche sur un autel; devant, un terme de Pan, le bras gauche levé et tenant un petit terme de Joueur de flûte. Derrière elle, dans un van festonné, un enfant bachique qui joue de la syrinx, et un thyrse. — Sardonyx. — Haut. : 0,028. — Monture en or. BS. et BM.

Voir planche V.

207. La Muse Érato debout, à droite, tenant une lyre. — Agatonyx (brisé dans le bas). — Haut. : 0,017. — Monture en or. BS.

208. Sirène, debout à droite, jouant de la lyre. — Agatonyx (rouge et blanc). — Haut. : 0,015. — Monture en or, avec bélière et anneau.

209. Buste de jeune homme, à droite, revêtu d'une cuirasse écaillée. Chapelet en bordure. — Sardonyx à trois couches. — Haut. : 0,023. — Bague en or. TBS. et BM.

Voir planche VII.

210. Sphinx grec, assis à droite. — Pâte simulant le sardonyx. — Haut. : 0,016. — Bague en or.

211. Sphinx, assis à gauche. — Sardonyx. — Haut. : 0,020. — Bague en or ciselé et ajouré. BS. et BM.

Voir planche IV.

212. Buste de Victoire, à droite. — Sardonyx à trois couches (ébréchure). — Haut. : 0,019. BS.

213. Antiochus VI (?), roi de Syrie ; tête diadémée, à droite (col brisé). Sardoine. — Haut. : 0,016. — Bague en or. BM.

214. L'Acropole d'Athènes ; à gauche, **ΑΘΗΝ**. — Sardonyx. — Haut. : 0,018. — Bague en or ciselé.

215. Victoire tenant une couronne et conduisant un char attelé de cinq chevaux ; dans la couronne, l'inscription **NЄI-KAC** en deux lignes. Les chevaux sont de quatre couleurs différentes : blanc, noir, bai et gris. — Sardonyx de plusieurs couches (brisures refaites en or, détérioration aux naseaux du cheval noir). — Long : 0,036. — Monture en or, avec bélière et anneau. TBS.

Voir planche VI.

216. Buste de Bacchante couronnée de lierre en fleur. — Sardonyx avec une couche d'émeraude (brun, blanc et vert). — Haut. : 0,016. — Bague en or. — (Collection Roger.)

217. Homme barbu, agenouillé et tenant un serpent au-dessus d'un autel allumé ; à droite, tête de bélier suspendue à un arbre ; au second plan, adolescent debout devant un terme de Pan. — Sardonyx. — Haut. : 0,023. — Monture en or, avec bélière. BS. et BM.

Voir planche V.

218. Bacchante ivre, portant un thyrse et soutenue par un Faunisque. — Sardonyx à trois couches (fendu). — Haut. : 0,025. — Monture en or, avec trois bélières et un appendice saillant.

219. Homme nu et barbu, coiffé d'un *pileus* et agenouillé, à gauche, sur une tortue à laquelle il donne à manger. — Agatonyx. — Haut. : 0,021. — Bague d'or, à chaton mobile.

220. Buste de femme drapée, à gauche. — Sardonyx. — Haut. : 0,026. — Bague d'or tournante. — (Collection Roger). BM.

221. Buste de Bacchante couronnée de lierre. — Sardonyx à trois couches. — Haut. : 0,018. — Bague d'or tournante. — (Collection Roger.)

222. Bustes affrontés d'Esculape et d'Hygiée. — Sardonyx. — Haut. : 0,021. — Bague d'or. — (Collection Roger.)

223. Buste de Méduse, à droite, avec des serpents dans les cheveux. — Sardonyx. — Haut. : 0,020. — Bague d'or tournante. — (Collection Roger.)

224. Tête de femme voilée, de trois quarts à gauche. — Sardonyx. — Haut. : 0,015. — Bague à poison ; or ciselé et orné d'une multitude de petites opales.

Voir planche VII.

225. Buste de négrillon, à droite, la tunique sur l'épaule. — Sardonyx. — Haut. : 0,013. — Bague en or ajouré. BM.

226. Tête de Mercure barbu, d'ancien style, à gauche ; derrière, le caducée et les lettres ЄPMЄT. — Sardonyx. — Long. : 0,016. — Bague en or.

227. Buste de femme drapée, coiffée comme Agrippine jeune. — Sardonyx à trois couches. — Haut. : 0,020. BM.

228. Buste de Diane, à droite, drapée et laurée, l'arc et le carquois sur l'épaule. — Saphirine (un peu fêlée), de très beau style. — Haut. : 0,033. — Monture en or, avec bélière. — (Collection Roger.)

229. Julie Mamée; buste à droite, drapé, une couronne d'épis et de pavots dans les cheveux, une corne d'abondance au bras. — Bordure en relief. — Sardonyx à trois couches. — Haut. : 0,035. — Monture en or, avec bélière et anneau. — (Collection Roger.)
BS. et TBM.

Voir planche VI.

230. Buste de négresse, à gauche, drapée, voilée et parée de bijoux. — Sardonyx. — Haut. : 0,034. — Monture en or, avec bélière. — (Collection Roger.) BM.

Voir planche IV.

231. Livie, buste voilé et diadémé, à gauche, les chairs de couleur vermeille. — Agatonyx à trois couches. — Haut. : 0,037. — Monture en or, avec filet en émail bleu, bélière et annelet. BS.

Voir planche VI.

232. Grande tête de bacchante, à gauche, couronnée de lierre, la bouche entr'ouverte. — Fragment d'un beau camée grec en chalcédonyx. — Haut. : 0,030.

233. Buste de jeune homme, la chlamyde agrafée sur l'épaule droite. — Sardonyx à trois couches. — Haut. : 0,028. — Bague en or, à chaton mobile. — (Collection Roger.)

234. Buste de jeune fille, à gauche, une draperie sur l'épaule gauche. — Sardonyx à trois couches. — Haut. : 0,032.

235. Buste d'Omphale, à gauche, coiffée d'une peau de lion. — Sardonyx à trois couches. — Haut. : 0,042. BM.

236. Le Christ en croix entre les deux saintes femmes nimbées; dans le haut, deux chérubins; au pied de la croix, le crâne d'Adam; cercle blanc en bordure. — Sardonyx à trois couches, biseauté. — Haut. : 0,025. — Bague en or.

237. Matidie, nièce de Trajan ; buste drapé et diadémé. — Chalcédonyx. — Haut. : 0,031. BM.

238. Germanicus; buste à gauche, coiffé d'une peau de lion (moderne). — Onyx appliqué sur une plaque d'agate noire. — Haut. : 0,047.

239. Cavalier numide, galopant à gauche et brandissant une masse d'armes. — Sardonyx. — Haut. : 0,030. — Monture en or, avec bélière. — (Collection Roger.)

Voir planche IV.

240. Buste d'Isis, à gauche, drapé, les cheveux coiffés en longues boucles et couronnés d'épis, la tête surmontée d'un pschent dégénéré. — Sardonyx à trois couches. — Haut. : 0,026. — Bague en or. — (Collection Roger.) BS.

241. Livie assise sur un char à deux roues et tenant un sceptre. Le char est suivi d'un prisonnier parthe. En exergue : un disque et une palmette. — Agatonyx, blanc sur blanc (légère fente au bord). — Haut. : 0,038. — Monture en or, avec filet d'émail bleu. — (Collection Roger.) BS.

Voir planche IV.

242. Jeune satyre dansant, avec thyrse et pardalide déployée; derrière lui, un cratère renversé. — Sardonyx. — Haut. : 0,031. — (Collection Roger.) BS et BM.

Voir planche V.

243. Deux prêtres saliens portant les anciles; légendes en lettres étrusques. — Agatonyx. — Haut. : 0,036. — Monture en or et en bleu. émail

244. Buste drapé de femme, à droite, une bandelette dans les cheveux. — Sardonyx à trois couches. — Haut. : 0,016. — Bague en or.

245. Buste d'Omphale, à gauche, drapé, la tête coiffée d'une peau de lion. — Agatonyx. — Haut. : 0,017. — Monté en épingle d'or.

246. Faustine mère; buste drapé, à droite. Cercle en bordure. — Sardonyx. — Haut. : 0,022. — Monture en or, avec bélière. BS et BM.

Voir planche VI.

247. Deux dauphins enlacés, portant trois Amours. — Sardonyx. — Long. : 0,015. — Bague en or; chaton mobile. TBS et BM.

248. Lionne à l'affût. — Scarabée étrusque en cornaline. — Long. : 0,011. — Monté en bague d'or tournante. TBS.

Voir planche III.

249. Coq, à droite, dans un char de guerre attelé de deux souris. Il tient les guides dans son bec. Inscription : NEIKΩ. — Sardonyx. — Long. : 0,010. — Bague en or ajouré.

250. Buste de Henri IV, à droite. — Rubis. — Haut. : 0,013. — Bague en or. BM.

251. Buste d'Omphale, à droite, coiffée de la peau de lion. — Sardonyx à quatre couches. — Haut. : 0,020. — Bague en or. BM.

252. Buste d'adolescent, la figure souriante, une draperie sur les épaules. Sardonyx. — Haut. : 0,018. — Bague en or, chaton mobile.

253. Ganymède, assis à gauche, donnant à boire à l'aigle de Jupiter. — Agatonyx. — Long. : 0,015. — Bague en or ciselé.

254. Buste de femme drapée, à droite, les cheveux en bandeaux. — Onyx découpé et monté sur une cornaline. — Diam. : 0,022.

255. Buste de femme drapée, de beau style. — Sardonyx. — Haut. : 0,024.

256. Fragment d'un grand camée découpé : jeune homme assis à droite, la main droite sur le siège, dont le montant est formé par un sphinx femelle. Il n'en subsiste que le torse nu, la draperie qui couvrait les jambes, une partie de l'avant-bras droit, l'aile et la chevelure du sphinx. — Sardonyx. — Haut. : 0,040.

257. Buste drapé de femme, à droite; époque romaine. — Sardonyx. — Haut. : 0,019. — Bague en or.

258. La Fontaine des Sciences. — Sardonyx (XVIe siècle). — Long. : 0,018. — Bague en or. — (Collection Roger.) BM.

259. Hermaphrodite endormi. — Rubis (brisures refaites en or). — Haut. : 0,018. — Monture en or. BM.

260. Le Titien; buste drapé, à droite, par *Vicelli.* — Sardonyx. — Haut. : 0,016. — Bague en or.

261. Buste de jeune femme, à droite, les cheveux épars sur le dos. — Sardonyx. — Haut. : 0,016. — Bague en or. BM.

262. Buste de jeune femme, à gauche, le sein nu, les chairs se détachant en rose. — Agatonyx à trois couches (fendu). — Haut, : 0,016. — Bague en or.

263. Bacchante nue, tenant un thyrse et enlaçant un terme de Silène. — Agatonyx (rose sur blanc), brisure refaite en or. — Haut. : 0,026. — Monture en or. BM.

264. Bacchante nue, renversée sur un lit de repos et embrassant un jeune Satyre agenouillé; devant le lit, un thyrse. — Sardonyx. — Long. : 0,023. — Bague en or. BM.

265. Buste, drapé et lauré, de Caracalla, portant un médaillon suspendu au cou; autour, un cercle en relief. — Sardonyx. — Haut. : 0,026. — Bague en or. BS et BM.

Voir planche VI.

266. Léda et le cygne. — Sardonyx. — Haut. : 0,021. — Bague en or. TBS et BM.

Voir planche V.

267. Buste de Bacchante, couronnée de lierre, une peau de bête sur les épaules; signature du graveur : **PISTRUCCI** (en creux); cercle autour. — Sardonyx à trois couches. — Haut. : 0,027. — Bague en or. TBM.

Voir planche VII.

268. Élisabeth, reine d'Angleterre; buste habillé, à gauche, avec la fraise.—Sardonyx à trois couches.—Haut. : 0,019.—Bague en or. — (Collection Roger.) BM.

Voir planche VII.

269. Philippe II, roi d'Espagne; buste habillé, à droite, avec la fraise. — Agatonyx. — Haut. : 0,022. — Bague en or.

270. Henri IV, roi de France; buste lauré, drapé et cuirassé, à droite; grénetis en bordure. -- Sardonyx. — Haut. : 0,015. — Bague (du temps) en or finement ciselé et ajouré, les branches de l'anneau ornées d'une couronne royale et d'une fleur de lis. — (*Ouvrage de Coldoré.*)

BOITES ET TABATIÈRES

271. Buste de Claude, à gauche, lauré et revêtu d'une cuirasse avec l'égide. — Magnifique camée en sardonyx à trois couches, d'un très beau travail. — Haut. : 0,062 ; larg. : 0,057. — Cadre en or champlevé et ciselé, par Vachette.

Voir planche IV.

272. Buste de Caracalla, à droite, lauré et cuirassé. — Grande et belle intaille en nicolo (fendu). — Haut. : 0,059 ; larg. : 0,049. — Boîte en or champlevé et ciselé, par Vachette.

Voir planche V.

273. Buste, lauré et drapé, de Messaline, à gauche. — Grand camée en sardonyx (léger éclat dans le profil). — Haut. : 0,065 ; larg. : 0,044. — Monté dans le couvercle d'une tabatière en or champlevé et ciselé, par Vachette. TBS et TBM.

Voir planche V.

274. *Mariage d'un empereur romain.* L'empereur, tenant le globe, est suivi d'un appariteur ; une Victoire couronne l'impératrice ; dans les airs, aigle portant une couronne de laurier ; en exergue, quatre figurines agenouillées. — Grande intaille en sardonyx. — Haut. : 0,052. — Monté dans le couvercle d'une tabatière en or champlevé, ciselé et niellé, par Vachette. BS et TBM.

Voir planche VI.

275. Buste de Marie-Antoinette, à droite, la gorge nue, une draperie

sur l'épaule. — Grand sardonyx à quatre couches, d'un travail admirable, par *Jacques Guay*. — Haut. : 0,048. — Monté dans le couvercle d'une tabatière en or champlevé et ciselé, par Vachette.

M. Babelon, dans son ***Histoire de la Gravure sur gemmes en France***, p. 199, dit à propos de cette pierre : « Ce splendide travail, sur sardonyx, peut être mis en parallèle avec le portrait de Louis XV (au Cabinet des Médailles) qui est le chef-d'œuvre de *Guay* et le plus beau des camées modernes . »

Voir planche VII.

276. Tabatière en corne, l'intérieur doublé de lames d'or; sur le couvercle, un petit camée découpé en sardonyx (tête casquée d'Achille, à droite, les chairs blanches), entouré d'un cercle d'étoiles d'or et de fleurettes en émail vert, le tout se détachant sur une plaque d'or hexagonale, dont les ciselures représentent un trophée d'armes et une couronne de laurier, en relief sur un fond d'or mat. — Long. : 0,089. — (Collection Roger.)

FIGURINES

277. Petit buste d'homme barbu et drapé (Hadrien ?). — Saphirine. — Haut. : 0,025.

278. Loup-marin ailé. — Lapis lazuli, avec breloque d'or. — Larg. : 0,016.

SUPPLÉMENT

279. Quadrige au galop, à gauche, avec son conducteur tenant le fouet et une couronne. — Sardoine. — Larg. : 0,010. — Bague en or.

280. Grylle. — Nicolo. — Haut. : 0,009. — Bague en or.

281. Pied ailé et caducée de Mercure, capricorne et globe. — Agate rubanée. — Larg. : 0,011. — Bague en or.

282. Sardonyx oriental à deux couches. — Haut. : 0,029.

283. Agate arborisée (blanc, jaune et brun). — Larg. : 0,013. — Bague en or ciselé, le chaton entouré de roses.

284. Apollon, buste lauré et drapé, à gauche ; cercle ovale en relief. — Sardonyx à trois couches. — Haut. : 0,018. — Bague en or.
BS et BM.

285. Silène assis sur un rocher et jouant avec l'enfant Bacchus ; derrière lui, une bacchante assise, tenant un thyrse ; à gauche, la panthère et une syrinx suspendue à un arbre ; à droite, une amphore sur une colonnette. — Camée en agatonyx (blanc opaque sur blanc translucide). — Long. : 0,041. — Monture en or, avec bordure en émail multicolore ; anneau de suspension. BS et BM.

286. Buste de satyre adolescent, de face, la nébride sur l'épaule. — Camée (presque en ronde bosse) en sardoine pâle, avec la signature de l'artiste, ΡΕΓΑ. — Haut. : 0,032. — Broche en or émaillé.

287. Buste de Vénus, de face, avec le crobyle au-dessus du front et deux boucles de cheveux descendant sur les épaules. — Camée (presque en ronde bosse) en saphirine. — Haut. : 0,034. — Broche en or.

TBM.

---

288. Quadrilatère assyrien, orné d'un bas-relief, et, au revers, d'une légende cunéiforme en neuf lignes très lisibles. Le bas-relief représente un dieu à tête de lion cornu, debout sur une gazelle couchée. Il est attaqué par un chien et un sanglier, et tient à chaque main un serpent. — Basalte noir, biseauté; le sommet perforé. — Haut. : 0,080; larg. : 0,059.

Voir planche VIII.

MARBRES ET BRONZES

289. Très beau buste de l'empereur Auguste, la poitrine nue, la tête tournée à gauche. — Marbre blanc, socle en marbre gris. — Haut. : 0,45 (avec le socle : 0,60).

290. Buste d'éphèbe grec, les cheveux crépus. Beau style de l'école de Praxitèle. — Marbre blanc, socle en pierre noire. — Haut. : 0,38 (avec le socle : 0,48).

291. Fragment de momie égyptienne en basalte noir; sur le devant, quatre lignes d'hiéroglyphes. — Haut. : 0,15.

292. Osiris momiforme, coiffé de l'*atef* et tenant le fléau et le pedum; les yeux sont émaillés. — Figurine égyptienne en bronze; socle en jaune de Sienne. — Haut. : 0,18.

293. Mercure nu, debout, la jambe droite un peu retirée en arrière. Il a des ailettes à la tête et tient une bourse dans la main droite avancée; sa main gauche portait le caducée. — Figurine antique en bronze. — Haut. : 0,15. — Base en bronze et socle en jaune de Sienne.

294. Dieu Lare, la tête laurée, vêtu d'une tunique courte, le manteau sur l'épaule, les pieds chaussés de brodequins. Il tient à la main gauche un rhyton en torsade. — Statuette en bronze. — Haut. : 0,26.

295. Belle aiguière grecque, d'ancien style, la bouche trilobée, la panse et l'épaule ornées de godrons. L'anse manque. — Bronze. — Haut. : 0,18.

296. Deux canopes en bronze.

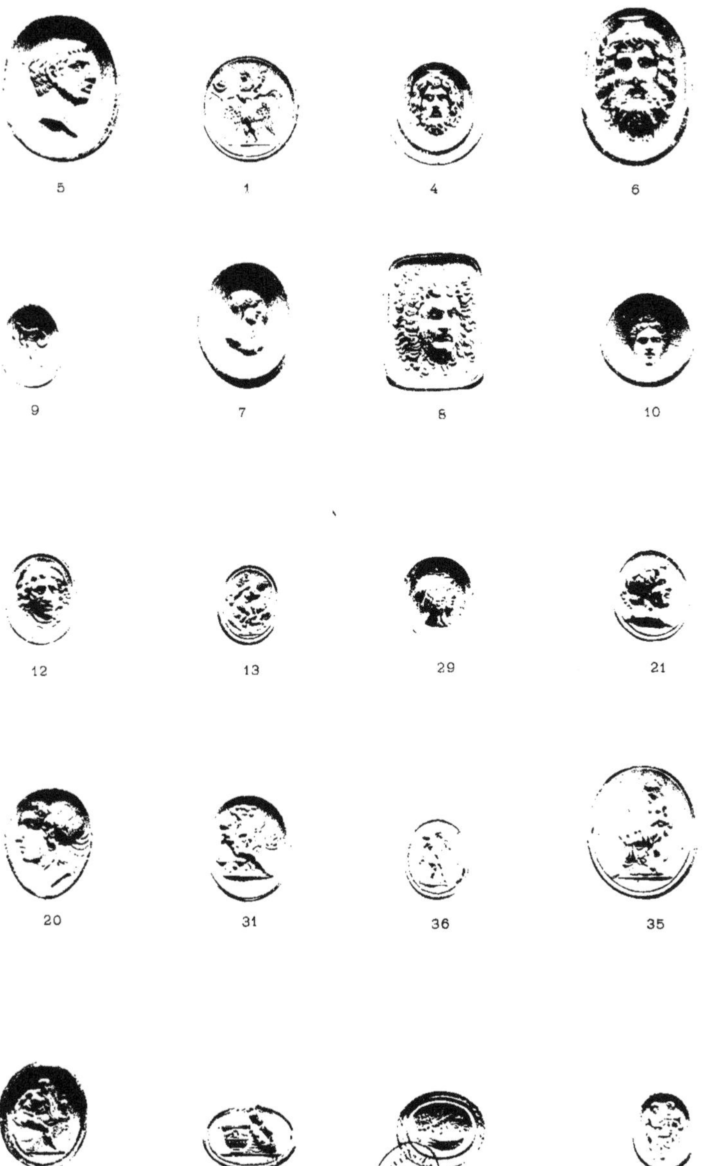
5
1
4
6
9
7
8
10
12
13
29
21
20
31
36
35
43
49
50
46

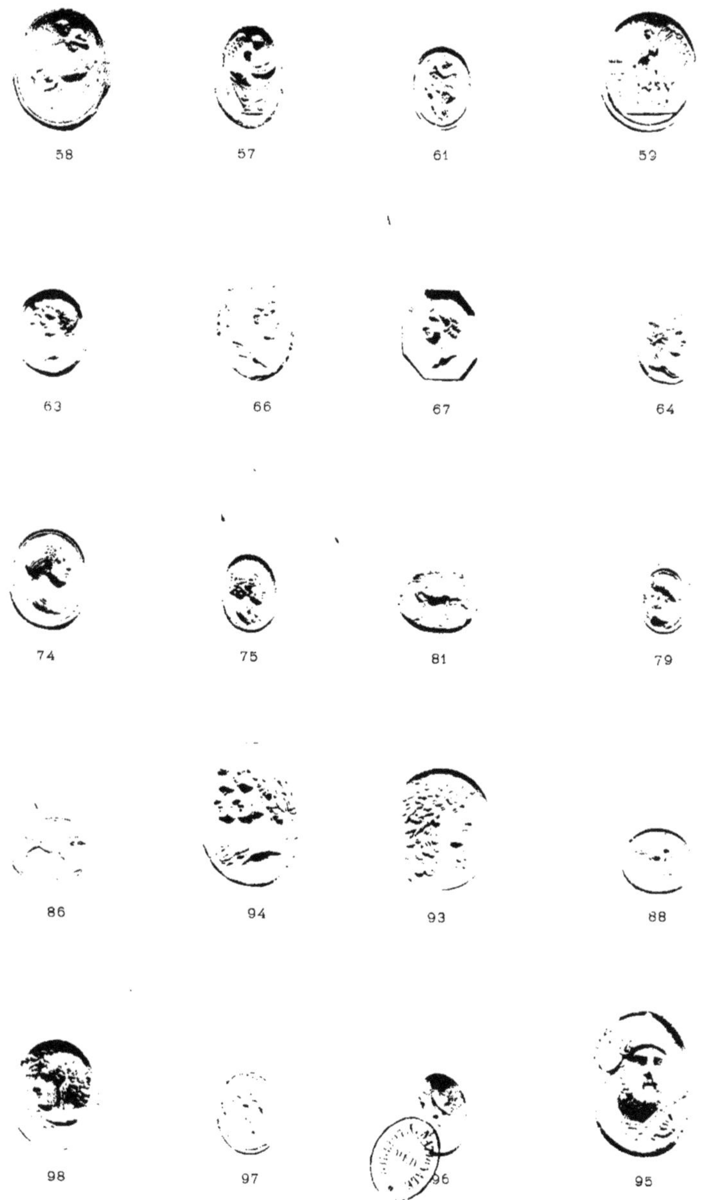
58 57 61 59
63 66 67 64
74 75 81 79
86 94 93 88
98 97 96 95

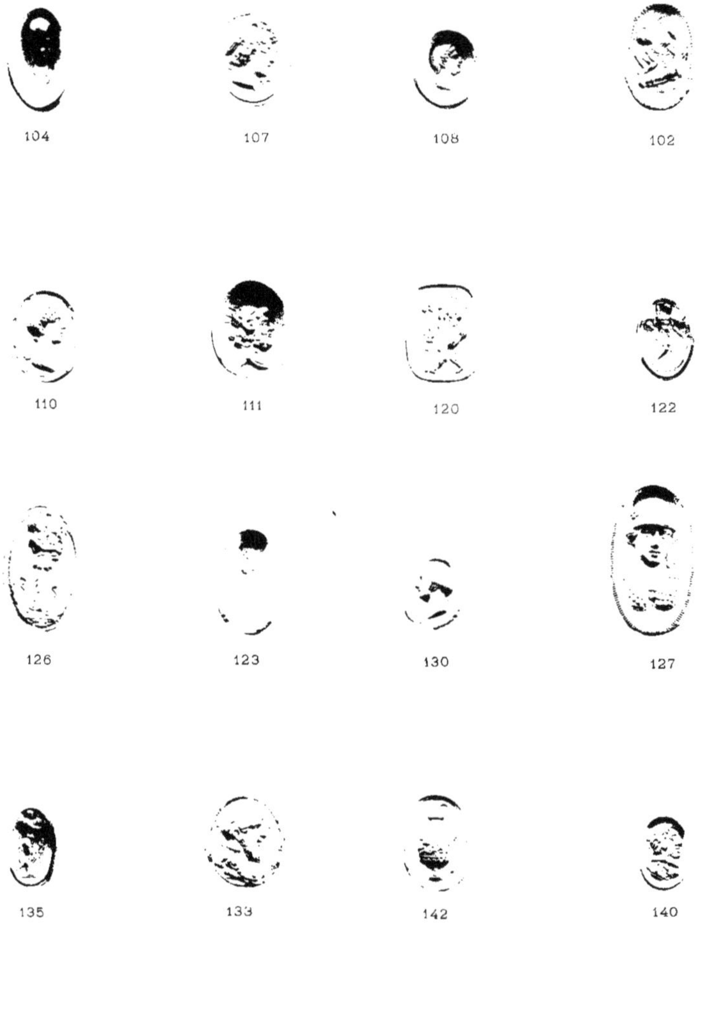

104 107 108 102

110 111 120 122

126 123 130 127

135 133 142 140

143 149 248 154

211

177

180

271

239

241

230

217

187

242

[illegible]

[illegible]

[illegible]

[illegible]

188

21[illegible]

191

246

2[illegible]4

20[illegible]

229

1[illegible]

231

209

168

266

275

174

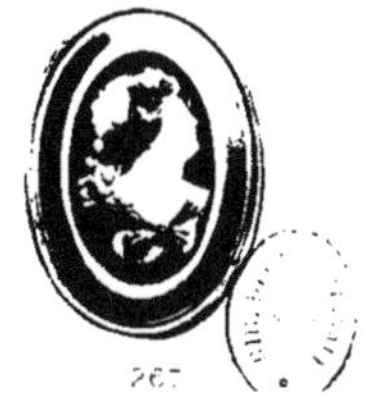

267

224

Imp. Phot. D.A. LONGUET

www.ingramcontent.com/pod-product-compliance
Ingram Content Group UK Ltd.
Pitfield, Milton Keynes, MK11 3LW, UK
UKHW021013180726
13838UKWH00004B/1535

9 782329 417783